BEI GRIN MACHT SICH IHR WISSEN BEZAHLT

AF135986

- Wir veröffentlichen Ihre Hausarbeit, Bachelor- und Masterarbeit

- Ihr eigenes eBook und Buch - weltweit in allen wichtigen Shops

- Verdienen Sie an jedem Verkauf

Jetzt bei www.GRIN.com hochladen und kostenlos publizieren

Bibliografische Information der Deutschen Nationalbibliothek:

Die Deutsche Bibliothek verzeichnet diese Publikation in der Deutschen National-bibliografie; detaillierte bibliografische Daten sind im Internet über http://dnb.d-nb.de/ abrufbar.

Impressum:

Copyright © 2019 GRIN Verlag
Druck und Bindung: Books on Demand GmbH, Norderstedt Germany
ISBN: 9783346125194

Dieses Buch bei GRIN:

https://www.grin.com/document/508921

Pia Abdin

Die Moderationsmethode. Moderationen im Deutschunterricht

GRIN Verlag

GRIN - Your knowledge has value

Der GRIN Verlag publiziert seit 1998 wissenschaftliche Arbeiten von Studenten, Hochschullehrern und anderen Akademikern als eBook und gedrucktes Buch. Die Verlagswebsite www.grin.com ist die ideale Plattform zur Veröffentlichung von Hausarbeiten, Abschlussarbeiten, wissenschaftlichen Aufsätzen, Dissertationen und Fachbüchern.

Besuchen Sie uns im Internet:

http://www.grin.com/

http://www.facebook.com/grincom

http://www.twitter.com/grin_com

Stiftung Universität Hildesheim – Institut für deutsche Sprache und Literatur

Die Moderationsmethode

Moderationen im Deutschunterricht

Ausarbeitung zum vorgetragenen Referat vom 20.06.2019

MM II: Gegenstandsbereiche des Faches Deutsch

TMI: Ausgewählte Kompetenzbereiche des DU in fachdidaktischer Perspektive

Seminartitel: *Erzählen und Präsentieren im DU*

Name:	Pia Abdin
Studiengang und Fachkombination:	Master Lehramt an Grundschulen
	Deutsch, evangelische Religion
Fachsemester:	1

Inhaltsverzeichnis

1 Einleitung

Die vorliegende Arbeit stellt eine schriftliche Ausarbeitung des am 20.06.2019 gehaltenen Referats zum Thema ‚Moderationen' dar, welches im Rahmen des Seminars „Erzählen und Präsentieren im Deutschunterricht" erfolgte.

Die auf den folgenden Seiten näher zu beleuchten geltende *Moderationsmethode* ist als eine Kombination aus Planungs- und Visualisierungstechniken, aus Gruppendynamik und Gesprächsführung sowie aus Sozialpsychologie und Soziologie zu skizzieren (vgl. Klebert/Schrader/Straub 1987: S.8). Sie soll im Allgemeinen der Unterstützung von zielorientiertem Arbeiten in Teams und Gruppen dienen. Für das Gelingen einer solchen Moderation, ist es von Nöten, dass diese gründlich vorbereitet wird, Visualisierung gezielt eingesetzt, Frage- und Kreativitätstechniken genutzt werden und eine ausgewogene Plenar- und Kleingruppenarbeit stattfindet.

In Anlehnung an die inhaltliche Struktur des Referats wird sich die Arbeit wie folgt gliedern: Im zweiten Kapitel soll zunächst die theoretische Grundlage geschaffen werden. Hierbei wird zuallererst ein kurzer Abriss der Entwicklungsgeschichte der Moderation gegeben. Da der Schwerpunkt dieser Arbeit auf der Moderationsmethode im (Deutsch-)Unterricht liegt, sollen die anschließenden Unterpunkte ausschließlich Moderation im schulischen Kontext berücksichtigen und folglich den ‚betrieblichen' aussparen. So werden im Anschluss die Aufgaben und Funktionen des Moderators[1] betrachtet. Zuletzt sollen grundlegende Prinzipien der Moderation sowie der ‚idealtypische' Ablauf einer solchen am Beispiel des *Moderationszirkels* und dessen Phasen dargestellt werden.

Im anschließenden Kapitel soll die – innerhalb des ‚praktischen Teils' des Referats durchgeführte – Methode vorgestellt werden. Abschließend wird ebendiese Methode auf didaktischer Ebene reflektiert und es werden mögliche Verbesserungsvorschläge innerhalb der unterrichtlichen Umsetzung angeführt.

2 Theorie
2.1 Zur Geschichte der Moderation

Der Begriff der Moderation ist etymologisch auf die indogermanische Wortwurzel ‚me(d)' zurückzuführen, welche mit ‚wandern, abschreiten, abstecken, messen' übersetzt werden kann (vgl. Neuland 2001: S.55). Hinsichtlich der Moderationstä-

---

[1] Aus Gründen der besseren Lesbarkeit wird im Folgenden ausschließlich die maskuline Form ‚Moderator' verwendet.

tigkeit ist jedoch ‚modus' – welches ‚Maß' oder ‚Art und Weise' heißen kann – als bedeutungsgrundlegendes Wort festzuhalten (vgl. ebd.). In diesem Zusammenhang ist ebenfalls das lateinische Verb ‚moderare' einzuordnen (vgl. ebd.). So wurde ‚moderieren' bereits im 16. Jahrhundert aus dem Lateinischen entlehnt (vgl. ebd.). Die abgeleitete Bedeutung des Mäßigens und Milderns wird jedoch heutzutage als veraltet angesehen: Vielmehr ist im letzten Jahrhundert die Bedeutung von dem englischen Verb ‚to moderate' hergeleitet worden, sodass es folglich als ‚Leiten einer Versammlung oder eines Gespräches' aufgefasst wird (vgl. Ziegler 1993: S.19-30 nach Neuland 2001: S.55).

Im Allgemeinen kann Moderation als wiederkehrende Vorgehensweise angesehen werden, welche dem Bedürfnis der Menschen nach einem geregelten Zusammenleben entstammt (vgl. Neuland 2001: S.56). Der Entstehung der Moderationsmethode lag die Ausgangslage zugrunde, dass Unruhen in der deutschen Nachkriegsgesellschaft vorherrschten: Studierende und Arbeitende sehnten sich nach „[...] mehr Beteiligung an Entscheidungsprozessen, nach mehr Orientierung an den Bedürfnissen der Betroffenen [...]" (ebd.), da vorhandene Methoden diesem Anspruch nicht gerecht wurden (vgl. ebd.). Parallel dazu entstand ein neues Verständnis von Planbarkeit sozialer Prozesse, sodass neue Methoden zur Beteiligung an Umsetzungsprozessen angestrebt wurden (vgl. Klebert/Schrader/Straub 1987: S.7). In den 1960er Jahren wurde die heutzutage bekannte Moderationsmethode in ihren Grundzügen vom sog. *Quickborner Team* entwickelt, einer Unternehmensberatung, die Entscheider und Betroffene zur gemeinsamen Lösungserarbeitung zusammenkommen lassen wollte (vgl. Neuland 2001: S.57). Die Methode verbreitete sich rasch, sodass sie sich schließlich nicht nur im Ausland, sondern auch in anderen Einsatzfeldern wie der Schule etablieren konnte (vgl. ebd.). So ermöglicht die Moderation selbstgesteuertes Lernen und fördert eigenständiges Denken und Handeln in betrieblichen und schulischen Strukturen.

2.2 Moderationen im Unterrichtskontext

2.2.1 Allgemeine Verortung

Im Unterrichtskontext dient die Moderation dazu, gruppendynamische Prozesse zu fördern. Das Primärziel liegt hierbei jedoch auf der „nondirektiven" (Donnert 1990: S.75) Steuerung von Lernprozessen bei Schülerinnen und Schülern (vgl. ebd.). Die Anwendung der Moderationsmethode wird im Allgemeinen bei der

Bearbeitung großer, komplexer Themen empfohlen, um alle Lernenden gleichermaßen an der Problembearbeitung und Lösungsfindung zu beteiligen (vgl. ebd.). Folglich kann sie insbesondere bei der Umsetzung handlungsorientierten Unterrichts hilfreich sein, da sie ein breites Spektrum an Methoden bietet, die den Kindern und Jugendlichen Möglichkeiten des eigenständigen und selbstgesteuerten Lernens eröffnen (vgl. Neumann 2001: S.298). So können sich Prozesse wie Themenfindungen, Schwerpunktsetzungen, Aufgabendefinitionen und Ergebnispräsentationen mit Elementen der Moderationsmethode strukturiert gestalten lassen. Bewährt hat sie sich jedoch auch bei Planungen und Organisationen jeglicher Art wie sie u.a. vor Exkursionen, Klassenfahrten anfallen (vgl. ebd.). Die moderierte Gruppe der Schülerinnen und Schüler kann, nach Neuland (2001: S.296f.), mithilfe der Moderationsmethode folgende Kompetenzen erwerben und/oder ausbauen: Die Planungs- und Methodenkompetenz sowie die kommunikative, die fachlich inhaltliche und die kreative Kompetenz (vgl. ebd.).

Ebendiese Kompetenzen könnten ebenfalls als erstrebenswert hinsichtlich einer möglichen Durchführung der Moderationsmethode durch Schülerinnen und Schüler anstelle der Lehrperson angesehen werden. Jedoch wird im Kerncurriculum für das Fach Deutsch in der Grundschule – sowie in denen für die weiterführenden Schulformen – die Moderation(-sfähigkeit) weder als Kompetenz noch als Teilkompetenz aufgeführt. Implizit spiegelt sich die Moderation in der Kompetenz „Sprechen und Zuhören" wieder, welche u.a. die Teilkompetenzen „zu und vor anderen sprechen" und „mit anderen sprechen" umfasst (vgl. KC GS 2017: S.8). So liegt der Fokus hierbei jedoch weiterhin auf der Durchführung der Moderation durch die Lehrperson als Moderator und die Klasse als ‚moderierte Gruppe'. Dieser Eindruck wird ebenfalls durch das folgende Zitat aus dem Kerncurriculum verstärkt:

> „Die Schülerinnen und Schüler beteiligen sich an Gesprächen, begründen eine eigene Meinung und achten auf eine wertschätzende Gesprächsatmosphäre. Sie erzählen, informieren, appellieren und sind sich zunehmend ihrer Sprechabsicht bewusst."(KC GS 2017: S.8)

2.2.2 Der Moderator – Funktionen und Aufgaben

Der Moderator hat in erster Linie die Aufgabe, Hilfestellung bezüglich des Kommunikationsprozesses und des organisatorischen Umfeldes zu leisten (vgl. Gudjons 1998: S.10f.). So soll er auf gruppendynamische Prozesse und Meinungsbildungen der Klassenmitglieder achten (vgl. ebd.). Die Rolle des Moderators lässt sich mithilfe von fünf zu erfüllenden Funktionen beschreiben. Diese

Funktionen werden nachfolgend angeführt und im Kontext der Moderation definiert.

Zunächst soll der Moderator als *Prozesshelfer* fungieren. Unter dieser Funktion wird die Aufgabe verstanden, dass er

> „[...] Prozesse der Themenfindung, Meinungs- und Willensbildung [ermöglicht; P.A], [...] für Transparenz [sorgt; P.A] [...] selbst eine fragende Haltung [einnimmt; P.A.] und [...] Selbstevaluation [initiiert; P.A.]." (Dauscher 1996: S.69f.)

Hierbei muss der Moderator darauf achten, dass er sich und seine Meinung stark zurückhält und Neutralität wahrt. Seine Aufgabe ist es, die Veranstaltung, das Gespräch oder den Unterricht zu leiten und nicht Verhaltensweisen der Teilnehmer zu bewerten (vgl. Gudjons 1998: S.15). Aufgrund dessen übt er während des Moderationsverlaufs weder Kritik noch spricht er Lob aus (vgl. ebd.). In dem Zusammenhang taucht in der Literatur vermehrt der Begriff der *Hebammenfunktion* auf, d.h. der Moderator, [...] bringt das Kind nicht zur Welt, er unterstützt nur die Geburt." (Dauscher 1996: S.27) Zur Gewährleistung einer vertrauensvollen Zusammenarbeit mit der Lerngruppe muss diese über die einzelnen Abschnitte im Verlauf des Unterrichts aufgeklärt werden (vgl. ebd.: S.69f). Transparenz der Inhalte fördert Sicherheit und Offenheit: Insofern ist das Herstellen der Transparenz eine der zentralen Aufgaben des Moderators (vgl. ebd.). Dabei sind drei Ebenen betroffen: die *inhaltliche*, die *methodische* und die *Beziehungsebene* (vgl. ebd.).

Auf der *inhaltlichen* Ebene geht es vorrangig um die Zugänglichkeit von Informationen. Niemand darf jemand anderem Wissen vorenthalten. Zudem muss ausreichend Material bereitgestellt werden, um gleichberechtigtes Arbeiten zu ermöglichen (vgl. ebd.). Des Weiteren müssen die Lernenden stets informiert sein, in welcher Phase des Unterrichtsprozesses sie sich gerade befinden und was im weiteren Verlauf der Stunde(n) folgen wird (vgl. ebd.). Mithilfe der ständigen Visualisierung kann auftretenden Unklarheiten bei bereits bearbeiteten oder noch zu bearbeitenden Themenkomplexen entgegengewirkt werden (vgl. ebd.). Zudem sollte der Moderator inhaltliche Bewegungen erkennen, diese klassifizieren und im nächsten Schritt hinsichtlich des Problemlöseprozesses akzeptieren oder zurückweisen sowie mit bereits vorhandenen Beiträgen verknüpfen können (vgl. Berkemeier 2006: S.203).

Transparenz auf *methodischer* Ebene bedeutet, dass den Schülerinnen und Schülern immer bewusst sein muss, wie die angewandte Methode funktioniert, was sie bewirkt und wie es weitergeht (vgl. Dauscher 1996: S.69f). Auf Basis von Trans-

parenz lassen sich Hemmnisse beim gemeinsamen Arbeiten vermeiden (vgl. ebd.).
Die dritte Ebene betrachtet die *Beziehung* zwischen den Schülerinnen und Schülern untereinander sowie zwischen ihnen und der Lehrkraft (vgl. ebd.). Das Herstellen einer angenehmen Arbeitsatmosphäre nimmt eine zentrale Rolle ein. Um eine solche Atmosphäre sicherzustellen, muss der Moderator versuchen, Spannungen entgegenzuwirken, um die Zusammenarbeit nicht zu be- oder verhindern (vgl. Dauscher 1996: S.69). Daher müssen diese offengelegt und thematisiert werden (vgl. ebd.).

Die zweite Funktion, die der Moderator einnimmt, ist die des *'Klimaförderers'*. Als ein solcher soll er dafür sorgen, dass sich die Lerngruppe in ihrer Arbeitsumgebung wohlfühlt und daraus resultierend zu effektiverem Lernen angeregt wird (vgl. ebd.).

> „Er beobachtet mit Empathie und pflegt eine gute Atmosphäre der gegenseitigen Wertschätzung, ermutigt, aktiviert, ermöglicht Gemeinsamkeit bei gleichzeitiger Akzeptanz von Unterschieden." (ebd.)

Als *Schlichter* muss der Moderator gewährleisten, dass Störungen vorgebeugt und entstehende Konflikte innerhalb der Lerngruppe möglichst schnell gelöst werden (vgl. ebd.: S.28). Er versucht, den Ursprung der Störungen ausfindig zu machen und diese gemeinsam mit der Gruppe zu bearbeiten (vgl. ebd.). Dieser Vorgang ist von besonderer Relevanz, da das Ignorieren vorhandener Unstimmigkeiten zu weiteren Störungsvorgängen führen könnte, welche wiederum den Ablauf der Veranstaltung erheblich beeinflussen könnten (vgl. ebd.).

In seiner Funktion des *Methodenexperten* legt der Moderator Schritte des Konzeptes sowie den Aufbau des Unterrichts und dessen Gestaltung – inklusive der geplanten Methoden – fest (vgl. ebd.). Bei der Auswahl seiner Methoden muss der Moderator zudem auf die Eignung dieser für die Gruppe achten (vgl. ebd.). Weiterhin muss er, anders als für Lehrkräfte charakteristisch, die Rolle als Wissensvermittler ablegen, da er nicht in inhaltliche Diskussionen eingreift. Ausschließlich die Lerngruppe ist für das Ergebnis verantwortlich, d.h. der Moderator gilt ,nur' als methodischer Helfer, der die Gruppe bei der Problemlösung unterstützt (vgl. ebd.).

Die fünfte Funktion, die der Moderator einnimmt, ist die des *Dienstleisters* der Gruppe (vgl. Neuland 2001: S.59). So

> „[...] ermöglicht [er; P.A.] durch Serviceleistungen optimale Arbeitsbedingungen und das Ausschöpfen der Gruppenressourcen." (Gudjons 1998: S.15)

Als Serviceleistungen werden u.a. das Bereitstellen von Arbeitsmaterialien oder Räumlichkeiten verstanden, um eine angenehme Lernumgebung schaffen zu können (vgl. Knoll 1998: S.76). Hierbei ist herauszustellen, dass der Moderator vor der durchzuführenden Moderation diese bereits im Voraus ausgiebig planen und vorbereiten muss. Dass der Moderator die Funktion eines Dienstleisters im Moderationsgeschehen übernimmt, ist insofern von Relevanz, dass er stets anstreben sollte, die vorhandenen Potentiale der Lernenden so effizient wie möglich einzusetzen, um ein Ergebnis erzielen zu können, welches für alle zufriedenstellend ist (vgl. Gudjons 1998: S.11).

Einhergehend mit den zuvor genannten Funktionen muss der Moderator zudem mit der zu moderierenden Lerngruppe Verhaltens- und Umgangsregeln erarbeiten (vgl. Neuland 2001: S.59). Weiterhin sollte er den Teilnehmenden während der Moderation stets Wertschätzung entgegenbringen und alle Meinungen, Ideen und Ansichten der Schülerinnen und Schüler äußern und vertreten lassen, sofern sich diese innerhalb des Rahmens der Umgangs- und Verhaltensregeln befinden (vgl. Gudjons 1998: S.11).

2.2.3 Moderationsgrundsätze

Neben den im vorherigen Unterkapitel dargestellten Funktionen und Aufgaben, welche ein Moderator übernehmen sollte, sind weitere Grundprinzipien herauszustellen, welche der Moderator sowie auch die Lerngruppe während einer Moderation beachten müssen.

Zum einen handelt es sich hierbei um die Komponente der *Kommunikation* sowie der *Sprache* im Expliziten. Für den Moderator ist ein reflektierter Umgang mit der Wirkung von Kommunikation – in verbaler und nonverbaler Form – für den Erfolg der Moderation entscheidend (vgl. Gottschall 1998: S.23). Hinsichtlich der mündlichen Kommunikation muss der Moderator stets seine Formulierungen überprüfen und Arten von Fragen wie z.B. *Sammel-, Bearbeitungs- oder Transparenzfragen* mit ihren jeweiligen Absichten gezielt nutzen können (vgl. ebd.). Zudem sollte er darauf achten, dass seine Moderationsbeiträge anregend, persönlich, kurz, konkret und offen formuliert werden (vgl. ebd.). Da der Moderator sowohl vor der Lerngruppe spricht als auch mit dieser direkt interagiert, sollte er bei seiner Sprechweise ebenfalls allgemeine Grundsätze des Vortragens beachten wie Lautstärke, Tempo, Pausen, Melodie, Modulation, Stimmklang und Artikulation (vgl. Neuland 2001: S.244). Weiterhin sollte er allen Lernenden aktiv zuhören, um die Botschaften hinter den Beiträgen zu erkennen und die Kernaussage dessen benennen zu können. Hierbei ist weiterhin Neutralität zu wahren.

Für die Lerngruppe ist die Sprache ebenfalls von großer Relevanz: So setzt die Teilnahme an einer Moderation durch Beitrage oder Ideenvorschläge eine gewisse sprachliche Kompetenz voraus, da Schülerinnen und Schüler zunächst dazu in der Lage sein müssen, ihre Gedanken zu formulieren und zu versprachlichen (vgl. Gudjons 1998: S.68f).

Ein weiteres Grundprinzip der Moderation ist die *Visualisierung*. Visualisierungs-techniken kann der Moderator nutzen, um die Aufmerksamkeit der Teilnehmen-den zu fokussieren, um Informationen zu sammeln und zu fixieren, damit es der Lerngruppe leichter fällt, Verbindungen herzustellen (Neuland 2001: S.160). Nicht nur die gezielte Nutzung von Medien wie Tafeln, Plakaten, (Moderations-) Karten, Pinnwänden, Beamern und PCs sondern auch das Zur-Verfügung-Stellen von Schreibgrund, -materialien und Gestaltungshilfen für die Lerngruppe bei Kleingruppenarbeit, fällt hierunter (vgl. ebd.). Gleichzeitig können mithilfe der Visualisierung Konflikte offen gelegt und gemeinsam bearbeitet werden (vgl. ebd.: S.161). Die permanente Visualisierung der Lerninhalte erfordert jedoch die dauerhafte Beteiligung und Lebhaftigkeit der Lerngruppe.

2.2.4 Der Moderationszirkel

Der Ablauf einer Moderation ist zyklisch angelegt und orientiert sich an verschie-denen Phasen, die durchlaufen werden. Der sog. Moderationszirkel (Abb.1) ist sowohl für die Planung der Moderation als auch bei der Durchführung dieser hilf-reich. Die fünf Phasen, in welche er sich gliedern lässt, sind: der Einstieg, die Themenfestlegung, die Themenbearbeitung, die Ergebnissicherung und der Ab-schluss bzw. der Transfer.

Jede dieser Phase setzt sich aus einzelnen Teilschritten zusammen, welchen je-weils eigene Ziele und Methoden zugrunde liegen. Hierbei ist herauszustellen, dass insbesondere die beiden ersten Phasen – der Einstieg und die Themenfestle-gung – meist etwas mehr als die Hälfte der Arbeitszeit in Anspruch nehmen, da in diesen die Grundlagen des Zusammenarbeitens sowie die inhaltliche und soziale Grundlage geschaffen werden (vgl. Deutsche Kinder- und Jugendstiftung GmbH 2007: S.11).

In der Einstiegsphase soll die Lerngruppe erst einmal ‚ankommen' und sich unter-einander kennenlernen (vgl. Neuland 2001: S.198). Im Unterrichtskontext wird die Moderation meist im Klassenverband durchgeführt, sodass eine ausgiebige Vorstellungsrunde nicht von Nöten sein sollte. Anschließend sollen die Grundlagen der Zusammenarbeit geklärt werden, d.h. welche Ziele gemeinsam angestrebt werden sollen und auf welche Verhaltens- und Umgangsregeln sich bezogen wird (vgl. ebd.: S.198f).

Während der Themenfestlegung sollen Ideen und Informationen zusammengetragen und gesammelt sowie Schwerpunkte ausgewählt und gesetzt werden (vgl. ebd.: S.200). Hierzu muss zuvor die Kernfrage bzw. Problemstellung klar definiert werden. Weiterhin wird in dieser Phase die Zeitplanung und Tagesordnung festgelegt (vgl. ebd.: S.200f.).

Erst nachdem die organisatorische und inhaltliche Basis gelegt wurde, kann die eigentliche Bearbeitung des Themas bzw. des Problems erfolgen (vgl. ebd.: S.202f.). Hierbei soll zunächst der Wissenserwerb organisiert werden, bspw. durch die Klärung von Grundbegriffen (vgl. ebd.). Insbesondere in dieser Phase ist die Visualisierung von großer Relevanz, da Beiträge und Ideen somit festgehalten werden können (vgl. ebd.). Im Fokus dieser Phase steht die Problembearbeitung und das Führen von Diskussionen, um Lösungsalternativen zu entwickeln, Zusammenhänge herzustellen und Meinungen abbilden zu können (vgl. ebd.).

In der vorletzten Phase sollen die vorher erarbeiteten Ergebnisse gesichert, ein Resümee gezogen sowie überlegt werden, welche Konsequenzen dieses mit sich bringen wird. Hierbei sollten zudem die nächsten Schritte geplant werden (vgl. ebd.: S.205f.).

Zuletzt soll eine abschließende Reflexion und eine persönliche Feedbackrunde stattfinden, wodurch ein positiver Abschluss gewährleistet werden soll, welcher ebenso wichtig wie ein ebensolcher Einstieg ist (vgl. ebd.: S.207f.).

Durch diese zyklisch angelegte Struktur wird es den Lernenden ermöglicht, die Strukturierung des Lernprozesses für sich selbst klar und nachvollziehbar zu gestalten. Mithilfe dieses Schemas können auch eigene Lernprozesse einer klaren Struktur zugeführt werden, die für alle Gruppenmitglieder deutlich wird. So können auch Einzel- oder Kleingruppenarbeiten an einzelnen Feldern des Problems später wieder in den Gesamtprozess eingefügt werden.

3 Die durchgeführte Methode

Im Praxisteil unseres Referats wurden die Kommilitonen und Kommilitoninnen dazu angeleitet, sich in sechs Gruppen einzuteilen. Diesen Gruppen wurde jeweils eine von vier ‚Moderationstypen' in Form eines fiktiven Szenarios zugeordnet. Da mehr Gruppen als von uns ausgewählte Moderationstypen zur Verfügung standen, mussten zwei Gruppen dasselbe Szenario parallel nachstellen. Bei den vier verschiedenen Moderationstypen handelte es sich um eine Konfliktsituation, eine Diskussion, eine Besprechung sowie um ein Feedbackgespräch. Innerhalb der Gruppen mussten anschließend ein Moderator sowie die Diskussionsträgerinnen und -träger ausgewählt werden. Anschließend wurde das Geschehen von den Gruppen durchgespielt. Hierbei lag zu Beginn der Schwerpunkt auf der Thematik, welche als Problem gelöst werden sollte. Nach ca. fünf Minuten bekamen die Studierenden, welche als moderierte Gruppe agierten, Aufgabenkarten, die dem Moderator vorenthalten wurden. Diese Aufgaben sollten von den dafür Beauftragten ‚überzogen' ausgeführt werden. Das daraus resultierende Störverhalten sollte den Moderator herausfordern, damit es ihm schwerer fallen würde, sich an die Verhaltensregeln und Grundsätze des Moderierens (vgl. Kapitel 2.2.1, 2.2.2) zu halten. Jede Gruppe bekam ungefähr zehn Minuten Zeit, um das jeweilige Szenario durchzuspielen, bevor sie das Geschehen mit einer anderen Gruppe tauschen mussten.

Das Ziel dieser Aufgabe war es, sich in die Rolle des Moderators einzufinden, d.h. dessen Aufgaben und Funktionen anhand von verschiedenen Beispielsituationen zu übernehmen sowie die möglichen Schwierigkeiten bei der praktischen Umsetzung zu erspüren und wahrzunehmen. Weiterhin sollte mithilfe der ausgewählten Situationen transparent gemacht werden, dass die Moderationsmethode insbesondere im Anwendungsfeld der Problemlösung sinnvoll eingesetzt werden kann (vgl. Neuland 2001: S.289).

Bei der Konstruktion dieser Praxisaufgabe haben wir uns an keiner feststehenden Methode aus dem Bereich der Moderation orientiert. Vielmehr handelt es sich um eine Form des Rollenspiels, welche keine charakteristische Methode innerhalb der Moderation darstellt. Für die Auswahl der verschiedenen Moderationstypen haben wir uns als theoretische Grundlage auf Berkemeier (2006: S.180) bezogen. Neben den von uns ausgewählten vier Formen differenzierte sie zudem zwei weitere, die „Hausaufgabenbesprechung" (ebd.) und die „Moderation einer Folge von Präsentationen nach Gruppenarbeit" (ebd.). Den verschiedenen Moderationstypen liegen Moderationsanforderungen unterschiedlicher Art und/oder Anzahl zugrunde, welche mithilfe der Durchführung dieser an den Beispielsituationen erfahrbar gemacht werden sollten. Die Anforderungskomponente, welche alle Typen verbindet, stellt die Gesprächsstrukturierung dar (vgl. Berkemeier 2006: S.180). Sowohl bei der Streit-/Konfliktsituation als auch bei der Diskussion im Allgemeinen stehen neben der Gesprächsstrukturierung zusätzlich auch die inhaltliche – bspw. der Argumente und Standpunkte der beiden (Streit-)Parteien – im Vordergrund. Bei der Klassenbesprechung wie sie u.a. im Klassenrat zum Tragen kommt, wird ebenfalls der Anforderung der inhaltlichen Strukturierung nachgegangen. Hierbei ist jedoch zusätzlich die Durchführung von Abstimmungen relevant, welche, laut Berkemeier, als weitere Anforderung an diesen Moderationstyp anzusehen ist (vgl. ebd.). Zudem ist bei der Besprechung der Vorgang des Problemlösens bspw. im Vergleich zu einer Streitsituation als eher interaktiv einzustufen (vgl. Neuland 2001: S.292). Das Feedbackgespräch hingegen will nicht primär Inhalte strukturieren, sondern beruht grundlegend auf der Basisanforderung der Gesprächsstrukturierung.

Neben den vorgestellten Moderationstypen haben wir uns zudem dazu entschieden, verschiedene informelle Rollen innerhalb der Teilnehmergruppe bzw. Klasse (vgl. ebd.: S.86-88) in die Szenarien einfließen zu lassen. Da unterschiedliche Gruppenphänomene stets auf die Moderation einwirken, sollte ein Moderator diese erkennen und berücksichtigen können. In unseren ausgewählten Szenarien haben wir angestrebt, möglichst viele unterschiedliche informelle Rollen von den Mitstudierenden vertreten und spielen zu lassen. So wurden die folgenden, recht selbsterklärenden Rollen innerhalb der Szenarien aufgegriffen: der Anführer, der Zyniker, der Mitläufer, der Zurückhaltende, der Clown und der Wortführer sowie Mischformen dieser (in Anlehnung an ebd.).

4 Reflexion der Methode

In Bezug auf die in Kapitel 2.2 herausgearbeitete Beobachtung, dass insbesondere die Lehrperson im Unterrichtskontext die Funktion des Moderators übernimmt, haben wir die Szenarien unserer Praxisaufgabe Großteils an diese ‚Vorlage' angelehnt. Daraus resultierend stand jedoch der Fokus der Aufgabe weniger bzw. nicht explizit auf den Schülerinnen und Schülern, welche die Moderation(-sfähigkeit) als Kompetenz erwerben sollen, sondern vielmehr auf der Lehrperson, welche die Moderationsmethode mit ihren Herausforderungen erfahren sollte. Das Rollenspiel kann somit einerseits als ‚Probe' realistischer Fallbeispiele interpretiert werden, welche den Studierenden die Aufgaben des Moderators näherbringen sollte.

Anderseits könnte es jedoch ebenfalls als direkte Methode der Moderation verstanden und genutzt werden, bei welcher Lernende in einem fiktiven Kontext die Chance erhalten, die Rolle eines Moderators einzunehmen sowie sich den damit verbundenen Grundsätzen und Kompetenzen anzunähern. Diese ‚Doppeladressierung' im übertragenen Sinne ist in meinen Augen als Vorteil der erprobten Methode anzusehen.

Eine große Problematik, welche ich in der Ausführung dieser Methode sehe, ist deren Bezugslosigkeit zum vorher eingeführten idealtypischen Ablauf, d.h. dass die Methode nicht in direkter Verbindung zum Moderationszirkel stand und sich demnach nicht auf dessen spezifische Phasen bezog. Der Moderationszirkel hätte zum einen eine bessere Orientierung bei der Durchführung der Moderation gewährleisten können. Zum anderen hätte man für die jeweiligen Phasen des Zirkels unterschiedliche Methoden ein- und durchführen lassen können, welche auf ihren Nutzen für die spezifische Phase hätten geprüft werden können.

Ebenfalls ist u.a. das Talk-Show-Setting der ersten Moderationssituation thematisch weniger passend ausgewählt worden, da es keinen direkten Schul- bzw. Unterrichtsbezug herstellt. Eine adäquatere Kontexteinbettung dieser Diskussion, bspw. innerhalb des Politik- oder Religionsunterrichts der weiterführenden Schulformen, hätte diesen Bezug womöglich eher transparent machen können.

Weiterhin wurde innerhalb der Aufgabe sowohl der Faktor der Visualisierung als auch der der Sprache bzw. Kommunikation gänzlich vernachlässigt. Beide stellen wichtige Prinzipien der Moderationsmethode dar, deren gezielter und reflektierter Einsatz sogar den Erfolg der Moderation mitbestimmen. Dass diese Kriterien nicht in die Praxisaufgabe eingeflossen sind, liegt demnach daran, dass diese Moderationskomponenten ebenso wenig in unserer Präsentation näher beleuchtet wurden. So hätten bspw. Schreibgrund bzw. Medien zur Fixierung von Arbeitsergebnissen sowie eine Checkliste mit Kriterien oder Tipps zur erfolgreichen Kommunikation zur Verfügung gestellt werden können.

Die Nutzung der ‚Rollenspielmethode' hat zudem im Allgemeinen einige Vor- und Nachteile aufgezeigt: Der schauspielerische Charakter aufgrund der fiktiven Situation sowie der Rollenzuteilungen erschwert die Offenheit der Teilnehmenden für eine eigene Involviertheit, sodass die Ernsthaftigkeit und Authentizität bei der Darstellung der zu übernehmenden Rolle verloren gehen kann. Zudem nimmt die

Inszenierung der Moderationssituation ihre Unvorhersehbarkeit, d.h. Beiträge und Reaktionen der Gruppe sind vorher mehr oder weniger explizit festgelegt worden. Andererseits bleibt die Herausforderung für den Moderator bestehen, informelle Rollen innerhalb der Gruppe sowie verschiedene Gruppendynamiken zu erkennen und bei seiner Moderation zu berücksichtigen. So können die Teilnehmenden – sowohl Studierende als auch Schülerinnen und Schüler – die Auswirkungen und die damit verbundenen Herausforderungen von gruppendynamischen Lernprozessen mithilfe der überspitzten Störverhaltensdarstellungen erfahren und für diese sensibilisiert werden.

Abschließend ist festzuhalten, dass die durchgeführte Methode ebenfalls offenbart hat, dass die Anwendbarkeit der Moderationsmethode bei jüngeren Altersklassen an ihre Grenzen stößt: So sind Grundschulkinder meist noch nicht dazu in der Lage, die Rolle des Moderators einzunehmen, insbesondere bezüglich der zu wahrenden Neutralität, der Themenfokussierung und die Lenkung und Schlichtung der Gruppe. Vielmehr muss in der Grundschule damit begonnen werden, die Moderationsmethode durch die Lehrperson einzuführen, sodass die Kinder deren Grundprinzipien und Aufgaben kennenlernen können.

5 Literaturverzeichnis

Berkemeier, Anne (2006): *Präsentieren und Moderieren im Deutschunterricht.* Baltmannsweiler: Schneider Verlag Hohengehren GmbH.

Dauscher, Ulrich (1996): *Moderationsmethode und Zukunftswerkstatt.* Berlin: Hermann Luchterhand Verlag GmbH.

Donnert, Rolf (1990): *Am Anfang war die Tafel: Praktischer Leitfaden für Moderation, Seminar, Vortrag, Lehrgespräch und Unterweisung.* München: Lexika-Verlag.

Gottschall, Arnulf (1998): *Die wichtigsten Techniken der Moderationsmethode.* In: Gudjons, Herbert (Hrsg.): *Die Moderationsmethode in Schule und Unterricht.* Hamburg: Bergmann und Helbig, S.23-36.

Gudjons, Herbert (1998): *Einleitung – Die Moderationsmethode. Oder: Mit Klebepunkten und Pinnwänden zum demokratischen Lernen.* In: Gudjons, Herbert (Hrsg.): *Die Moderationsmethode in Schule und Unterricht.* Hamburg: Bergmann und Helbig, S.9-18.

Knoll, Jörg (1998): *Kleingruppenarbeit anregen und zentrieren.* In: Gudjons, Herbert (Hrsg.): *Die Moderationsmethode in Schule und Unterricht.* Hamburg: Bergmann und Helbig, S.71-80.

Klebert, Karin; **Schrader**, Einhard; **Straub**, Walter (1987): *KurzModeration. Anwendung der Moderations-Methode in Betrieb, Schule und Hochschule, Kirche und Politik, Sozialbereich und Familie bei Besprechungen und Präsentationen.* Hamburg: Windmühle Verlag.

Neuland, Michèle (2001): *Neuland-Moderation.* Bonn: managerSeminare Gerhard May Verlags GmbH.

Niedersächsisches Kultusministerium (Hrsg.): *Kerncurriculum für die Grundschule Schuljahrgänge 1-4, Deutsch.* Hannover 2017.

Deutsche Kinder- und Jugendstiftung GmbH (Hrsg.): Power to the people! Moderationsmappe für Jugendbeteiligung. Berlin 2007. *Verfügbar unter:* http://jubis-bre-men.de/toleranz/admin/attachviewer.php?typ=Thema&dateiorig=Moderationsmappe+Jugendbeteiligung.pdf&dateiverzeichnis=75790&dateiname=c12bc6f5f0b4b1283cb580a9bbe9d341(letzter Zugriff: 12.06.2019)

6 Anhang

Abb.1: Moderationszirkel

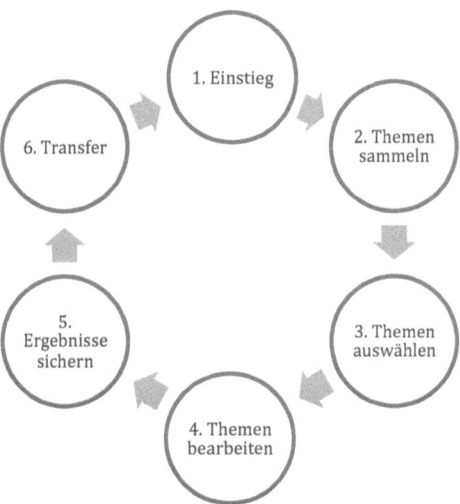

Bild angelehnt an: DKJS GmbH (Hrsg.): *Power to the people! Moderationsmappe für Jugendbeteiligung.* Berlin 2007, S.11.